Chicas y chicos malos de ALTA MAR

Dona Herweck Rice

Consultores

Dr. Timothy Rasinski
Kent State University

Lori Oczkus
Consultora de alfabetización

Dr. Marcus McArthur
Departamento de Historia
Universidad de Saint Louis

Basado en textos extraídos de
TIME For Kids. *TIME For Kids* y el logotipo
de *TIME For Kids* son marcas registradas
de TIME Inc. Utilizados bajo licencia.

Créditos de publicación

Dona Herweck Rice, *Jefa de redacción*
Conni Medina, *Directora editorial*
Lee Aucoin, *Directora creativa*
Jamey Acosta, *Editora principal*
Lexa Hoang, *Diseñadora*
Stephanie Reid, *Editora de fotografía*
Rachelle Cracchiolo, *M.S.Ed.,*
　　Editora comercial

Créditos de imágenes: tapa, pág. 1: The
Bridgeman Art Library; págs. 33, 51 (arriba):
Alamy; pág. 38: Everett Col/age Fotostock;
pág. 17 (arriba): Fine Art Images/age
Fotostock; págs. 1, 11 (abajo), 12, 20–21
(arriba), 26–27 (arriba), 28, 30–31, 36–37,
39, 43–45, 52–53 (abajo), 54, 55 (abajo): The
Bridgeman Art Library; págs. 19, 27 (abajo),
36: Getty Images; pág. 8: WireImage/Getty
Images; págs. 7, 21 (abajo), 23 (arriba), 32,
41, 47, 55 (arriba): The Granger Collection;
págs. 6, 13: iStockphoto; pág. 57 (arriba):
Library of Congress; págs. 23 (abajo), 35
(abajo), 50–51: North Wind Picture Archives;
pág. 37 (arriba): Wikimedia; págs. 24–25,
48–49 (ilustraciones): J.J. Rudisill; todas las
demás imágenes de Shutterstock.

Teacher Created Materials

5301 Oceanus Drive
Huntington Beach, CA 92649-1030
http://www.tcmpub.com

ISBN 978-1-4333-7135-6

© 2013 Teacher Created Materials, Inc.

Tabla de contenido

Cómo reconocer a un pirata

Puedes reconocer fácilmente a un pirata por su pata de palo, el parche en el ojo y el loro parado en su hombro, ¿cierto? Si estás mirando una película, claro. ¿O leyendo un libro para niños? Seguro que sí. Pero imaginemos que estás parado en un **muelle** en el Caribe alrededor del año 1700. Entonces no, no tanto.

Un pirata primero era marinero. Usaba la ropa que cualquier marinero usaría. La diferencia era que las pandillas de piratas buscaban en el mar y en la costa cualquier cosa de valor para robar.

Los piratas actuales

Los piratas aún hoy existen. Roban, matan y asustan a la gente. En la actualidad, los piratas se encuentran en actividad mayormente cerca de las costas de Malasia, Sumatra, Bangladesh, India, Brasil y Somalia. En todo el mundo, el costo de la piratería (lo que incluye lo robado y el costo de la lucha contra la piratería) ¡asciende a $12 mil millones por año!

PARA PENSAR

- ♦ ¿Cómo era la vida de pirata?
- ♦ ¿Quiénes fueron los piratas más temibles del mundo?
- ♦ ¿Por qué alguien querría convertirse en pirata?

Negocio riesgoso

El objetivo de los piratas era asaltar barcos o pueblos costeros. Se llevaban dinero y oro, y también objetos de valor, incluso hasta los mismos barcos. Este era un negocio riesgoso, pero un pirata podía hacer más dinero en un solo **botín** que el que hacía un marinero durante toda su vida.

Extrañamente, este objetivo no era solo de los piratas. A veces, los gobiernos contrataban marineros como **corsarios**. El trabajo de un corsario era hacer exactamente lo que hacían los piratas. Tomaban barcos, oro y mercancías de barcos extranjeros durante la guerra. Los corsarios eran piratas autorizados.

¿Un pirata sin una pata de palo?

Es poco probable que los piratas, hace mucho tiempo atrás, tuvieran patas de palo o parches en un ojo, porque hubiera sido difícil sobrevivir como marineros en aquella época con una sola pierna o un solo ojo. Y también es poco probable que un loro quisiera navegar y vivir una vida peligrosa y difícil como la de los piratas.

6

Los papeles oficiales que los gobiernos les entregaban a los marineros para hacerlos piratas legales, o corsarios, se denominaban *patentes de corso*.

La Jolly Roger

Los barcos piratas por lo general colgaban una bandera, la *Jolly Roger*. El objetivo de la bandera era advertir a otros barcos que los piratas no tendrían piedad ni problema alguno en matar a cualquiera que se cruzare en su camino. Se esperaba que el barco atacado se rindiera fácilmente, sin pelear. El nombre Jolly Roger probablemente proviene de los términos franceses *joli rouge*, o "bastante rojo", el cual fue probablemente el primer color de la bandera. Más tarde, la bandera fue, a menudo, negra y tenía una calavera y huesos cruzados -una advertencia de muerte.

7

Vida de pirata

A juzgar por las películas, la vida de pirata alguna vez fue una vida divertida, con palmadas en las piernas y en la espalda, y rugidos. ¿Quién no querría surcar los mares con el capitán Jack Sparrow? ¿Quién no querría "robar y **saquear**, desvalijar y llevarse un botín" y "a beber, mis valientes"? La vida de pirata se parece a un poco de travesura mezclada con diversión.

¿Verdad o ficción?

Hoy en día uno de los piratas más famosos es el capitán Jack Sparrow. Pero él no es una figura real de la historia. Es solo un personaje interpretado por Johnny Depp en la película de la franquicia *Los Piratas del Caribe*.

el actor Johnny Depp como el capitán Jack Sparrow

La Edad de Oro de la piratería

Hace mucho tiempo, hubo un período en el que la piratería estaba en toda su plenitud. Ningún barco estaba seguro en el agua. Los pueblos costeros a menudo estaban en peligro debido a los ataques piratas. Distintas fuentes denominan a diferentes períodos de tiempo la Edad de Oro de la piratería. Pero el pico de esta época parece ser entre 1690 y 1730.

Sangre, sudor y lágrimas

La verdad es que la vida de un pirata era difícil y peligrosa. Durante la Edad de Oro de la piratería, la tecnología, como los motores, las radios y los *GPS*, no existía. Si hacía frío en el mar, los piratas no podían encender fuego para calentarse. ¡Encender una fogata a bordo de un barco de madera era peligroso! Los piratas, como todos los marineros, tenían que mantener los barcos limpios y en buenas condiciones. Todos los marineros a bordo tenían que trabajar de manera constante para cuidar el barco.

Cocinando a bordo

A veces, la tripulación necesitaba hervir agua o cocinar alimentos. El cocinero generalmente calentaba ladrillos y cocinaba con ellos. O se podía encender fuego con mucho cuidado cuando el mar estaba calmado. Ningún marinero en un barco de madera era descuidado en el momento de encender fuego.

Los piratas principalmente masticaban tabaco. La mayoría evitaba fumar en el barco porque significaba riesgo de incendio.

Navegación

El **sextante** parece complejo, pero en esencia no lo es. Mide el ángulo entre un objeto en el cielo y el **horizonte**. Los piratas y otros marineros pueden determinar su ubicación con mayor exactitud.

Los piratas reparaban cualquier daño grave a sus barcos lo más rápido posible.

No confíes en nadie

Los alimentos tenían que ser almacenados de manera segura para que se mantuvieran secos durante el largo viaje. Si se echaban a perder, la tripulación no comía. Si una tormenta peligrosa se desataba y azotaba el barco, solo podían esperar salir ilesos. Y si la ley los atrapaba, el castigo por piratería era la muerte en la horca. ¡Eso si sus **víctimas** no los atrapaban primero!

Los piratas pueden haber tenido algunos logros a lo largo de su vida, pero la mayor parte del tiempo morían jóvenes y pobres. Muchas veces peleaban entre ellos o **se amotinaban** contra el capitán. Después de todo, ¿quién puede esperar que un pirata siga las reglas?

¿Qué significa *mis valientes*? Significa "mis queridos" o "mis amigos".

Rachel Wall

En las historias la mayoría de los piratas son hombres. Pero, en realidad, las mujeres también merodeaban por los mares. Rachel Wall parece haber sido la primer mujer pirata estadounidense. Se casó con un corsario cuando tenía 16 años y, luego de su muerte, vivió una vida de pirata, a pesar de que también trabajaba como criada. La arrestaron luego de intentar robar un sombrero de la cabeza de otra mujer, ¡y también por tratar de arrancarle la lengua! Luego Wall pidió ser juzgada como pirata. Murió a los 29 años, ahorcada por sus crímenes.

¡Piratas, bienvenidos!

Créase o no, había muchos pueblos costeros que eran conocidos por darle la bienvenida a los piratas. Los piratas gastaban su dinero libremente en los bares locales o apostando. Los pueblos deben de haber pensado que si no podían con ellos, ¡mejor era unírseles!

CANCIONES DE ALTA MAR

Hace mucho tiempo los trabajadores eran conocidos por cantar juntos mientras trabajaban para hacer su tarea un poco más fácil. Los piratas cantaban los mismos tipos de canciones, o **canciones de alta mar**, como lo hacían los marineros. A continuación verás algunas de ellas. ¡Cántalas si las sabes!

Derriba al hombre

Vengan, jóvenes amigos, que siguen al mar.
Y derriben al hombre.
Ahora presten atención y escúchenme.
¡Denme tiempo para derribar al hombre!

Oh, derriben al hombre, muchachos, derriben al hombre.
Y derriben al hombre.
Oh, derriben al hombre, muchachos, derríbenlo.
¡Denme tiempo para derribar al hombre!

Mientras caminaba por Paradise Street,
derriba al hombre,
me arriesgué para conocer a una hermosa doncella.
¡Denme tiempo para derribar al hombre!

Oh, derriben al hombre, muchachos, derriben al hombre.
Y derriben al hombre.
Oh, derriben al hombre, muchachos, derríbenlo.
¡Denme tiempo para derribar al hombre!

(La canción completa incluye muchos versos).

14

Berberechos y mejillones

En la ciudad de Dublín, donde las chicas son muy bonitas,
allí conocí a la dulce Molly Malone.
Ella empujaba la carretilla por calles anchas y angostas,

y gritaba: "¡cóctel de berberechos y mejillones vivos, vivos!".
Vivos, vivos, vivos, vivos.
Gritaba: "¡cóctel de mejillones vivos, vivos!".

Ella vendía pescado pero seguro no era de asombrarse
que lo hayan hecho antes su madre y su padre.
Empujaban sus carros por calles anchas y angostas,

y gritaban: "¡cóctel de berberechos y mejillones vivos, vivos!"
Vivos, vivos, vivos, vivos.
Gritaban: "¡cóctel de mejillones vivos, vivos!".

Murió de fiebre, nadie pudo salvarla.
Ese fue el final de la dulce Molly Malone.
Su fantasma empuja su carro por calles anchas y angostas,

y grita: "¡cóctel de berberechos y mejillones vivos, vivos!"
Vivos, vivos, vivos, vivos.
Grita: "¡cóctel de mejillones vivos, vivos!".

El capitán Kidd

El capitán William Kidd nunca quiso ser pirata. De hecho, ¡él nunca pensó que lo fuese! Pero cuando murió, se lo consideró el pirata más famoso y más cruel de su tiempo.

Kidd era un hombre de familia, con esposa y dos hijas grandes. Como comerciante capitaneaba un barco aproximadamente dos veces al año entre su ciudad natal, Nueva York, y Londres. En el pasado había cumplido servicio en la Marina británica. Kidd cumplía la ley y era amigo del gobernador.

En 1695 un socio de negocios le hizo una propuesta. Pensó que Kidd podía ser el capitán de un barco para atrapar piratas. Hombres de negocios de cierta fortuna deseaban **invertir** dinero. Los inversores y Kidd compartirían lo que fuese capturado de los barcos piratas. Kidd estaba de acuerdo, pero luego lo pensó mejor. Podría ser riesgoso y muy difícil. De todas maneras, decidió hacerlo.

Kidd tuvo problemas desde el principio. Perdió la mayor parte de su tripulación. Muchos por enfermedad. El clima estaba muy feo, y no podían encontrar ningún barco pirata.

El encargo de Kidd

A Kidd se le **encomendaron** encontrar barcos piratas y devolver las mercancías robadas. Le dieron unos documentos que le otorgaban el derecho legal para atrapar piratas y también barcos franceses, porque Francia era enemiga de Inglaterra en esa época. Incluso el rey William III le dio a Kidd una carta real. El Rey se quedaría con el diez por ciento del botín, pero su nombre nunca sería mencionado.

Articles of Agreement,

e the 10th Day of October, in the Year of our Lord 169... ween the Right Honourable RICHARD Earl LLOMONT of the one part, and Robert Levingston E...

AND

Captain William Kid,

Of the other part.

WHEREAS the said Capt. William Kid is desirous of obtaining a Commission a Captain of a Private Man of War in order to take Prizes from the King's Enemies, and otherways to annoy them; and whereas certain Persons did some time since depart from New-England, Rode-Island, New-York, and other parts in America and elsewhere, with an intention to become Pirates, and to commit Spoils and Depre the Laws of Nations, In the Red-Sea or elsewhere, and to return with such Goods and uld get, to certain places by them agreed upon; of which said Persons and Places, hath notice, and is desirous to fight with and subdue the said Pirates, as also other the said Capt. Kid shall meet at Sea, in case he be impowered so to do; and whereas it he said Parties, That for the purpose aforesaid a good and sufficient Ship, to the li pt. Kid, shall be forthwith bought, whereof the said Capt. Kid is to have the Com Presents do witness, and it is agreed between the said Parties,

of Bellomont doth covenant and agree, at his proper Charge, to procure from the from the Lords Commissioners of the Admiralty (as the Case shall require) one impowering him the said Capt. Kid to act against the King's Enemies, and to as a private Man of War in the usual manner; and also to fight with, con and to take them and their Goods, with other large and beneficial Powers missions as may be most proper and effectual in such Cases.

The said Earl of Bellomont doth covenant and agree, That within three Months after the said Capt. Kid's departure from England, for the purposes in these Presents mentioned, he will procure, at his proper charge, a Grant from the King, to be made to some indifferent and trusty Person, of all such Merchandizes, Goods, Treasure and other things as shall be taken from the said Pirates, or any other Pirate whatsoever, by the said Capt. Kid, or by the said Ship, or any other Ship under his Command.

III. The said Earl doth agree to pay four Fifth parts, the whole in Five parts to be divided, of all Moneys which shall be laid out for the buying such good and sufficient Ship for the purposes aforesaid, together with Rigging and other Apparel and Furniture thereof, and providing the same with compe said Ship, and the Charges of the said Ship to be paid for by the said Robert Levingston and William Kid.

doth agree, That in order to the speedy buying the said Ship, in part of the said the said Charges; he will pay down the sum of sixteen hundred Pounds, by way ore the sixth day of November next ensuing.

Levingston and William Kid do jointly and severally covenant and agree, That day of November, when the said Earl of Bellomont is to pay the said Sum of s aforesaid, they will advance and pay down four hundred pounds in par of on which they are to have in the said Ship.

agree, to pay such further Sum of Money as shall compleat and make up the the Charges of the said Ship's Arrival, Furniture and Victualling, unto the William Kid within seven Weeks after the date of these Presents; and in like ngston and William Kid do agree to pay such further Sum as shall amount to Charge of the said Ship within seven Weeks after the date of these Presents.

A

VII The

El capitán Kidd

Se cree que Kidd enterró su tesoro en algún lugar. Esta leyenda quedó registrada en la literatura en *La isla del tesoro* de Robert Louis Stevenson.

17

A la horca

La ruda tripulación de Kidd comenzó a impacientarse. ¡Querían capturar un tesoro pirata! Pensaban que Kidd no estaba haciendo un buen trabajo. Decidieron atacar un barco y tomar los elementos de valor.

La tripulación tomó el mando y convirtió al barco en una embarcación pirata. Debido a las acciones de la tripulación, a Kidd se lo consideraba un capitán pirata temible.

Durante tres años Kidd y su tripulación navegaron los mares "en busca de piratas". Cuando regresó a casa Kidd contaba con sus documentos y amigos para quedar libre de cargos por piratería. En lugar de eso, lo encerraron. Después de un año en una fría y húmeda celda en prisión, Kidd fue juzgado y **condenado**. No se le permitió hablar en el juicio. Kidd fue a la horca como un pirata.

Un buen plan que salió mal

Kidd quería asegurarse de poder contar con su tripulación. Eligió a hombres de familia que querían ir de regreso a casa con sus esposas e hijos. También les prometió un gran porcentaje del botín. Pero la Marina británica forzó a la mayoría de la tripulación a unirse al servicio naval. Kidd tuvo que reemplazar a la tripulación con aquellos que pudo encontrar, a veces con piratas que encontraba entre los viajes. ¡Y tuvo que prometerle a la nueva tripulación el 60 por ciento del botín!

El capitán Kidd mató al menos a un pirata amotinado al arrojarle un balde en la cabeza.

Bueno y muerto

¡Kidd tuvo que ser colgado dos veces! La primera vez la soga se cortó. Luego, sus **verdugos** lo colgaron otra vez. Cubrieron su cuerpo con alquitrán y lo colocaron en una caja de metal. Mientras su cuerpo se pudría la caja mantenía su esqueleto en posición vertical. Sus huesos advertían a todos que la vida de pirata era peligrosa.

X MARCA LA UBICACIÓN

En muchas historias, los piratas deben abandonar los tesoros y volver por ellos cuando la costa está vacía y es más seguro hacerlo. Esto no sucedía muy a menudo en la vida real, pero sí en algunas ocasiones. Luego de meses en el mar puede ser difícil recordar dónde dejaste algo, incluso si ese algo es oro. Se dice que los mapas de los tesoros ayudaban a los piratas a encontrar el lugar donde habían escondido sus riquezas. Los mejores mapas utilizaban códigos para que el tesoro no cayera en las manos equivocadas.

Muchos mapas viejos mostraban monstruos marinos en el agua.

El puerto es un lugar donde los botes pueden flotar de manera segura. Algunos puertos son naturales. Otros son construidos por el hombre.

¿Qué peligros se muestran en el mapa?

¿Crees que este mapa brinda suficientes detalles para encontrar el tesoro muchos años después de enterrarlo?

¿Por qué crees que el mapa muestra una ruta indirecta entre el puerto y el tesoro?

La letra **X** se utilizaba a menudo para marcar el lugar donde se encontraba el tesoro.

Los piratas no utilizaban una medida estándar para las distancias. Los pasos eran todos iguales, por ejemplo, "Una vez en la playa, caminar 500 pasos".

Barbanegra

Barbanegra el pirata es uno de los **bucaneros** más recordados de la Edad de Oro de la piratería. Nacido bajo el nombre de Edward Teach, su nombre pirata fue inspirado por su espesa barba oscura.

Barbanegra tuvo una carrera exitosa, pero bastante corta. Él gobernaba de una manera única, con el permiso de su tripulación. No hay registros de que él haya matado o lastimado a sus prisioneros. Su éxito provenía de dos factores claves: era muy astuto para el "negocio" pirata y utilizaba su espantosa apariencia para controlar a sus víctimas.

La carrera pirata de Barbanegra duró solo dos años, desde 1716 hasta su muerte en 1718.

Edward (Barbanegra) Teach, o quizá Thatch, nació alrededor de 1680, probablemente en Bristol, Inglaterra.

Barbanegra era famoso por asustar a sus enemigos con cerillas que ataba a su barba. El humo que salía de su cabello hacía saber a todo el mundo que él estaba haciendo negocios.

Stede Bonnet

Conocido como el Pirata Caballero, Stede Bonnet fue un terrateniente adinerado antes de convertirse en pirata. Luego de haber sido herido en una batalla, Bonnet dejó que Barbanegra fuera el capitán de su barco. Una vez curado, los dos piratas unieron fuerzas. Bonnet fue capturado y librado de los cargos al aceptar ser corsario contra España. Pero, finalmente, regresó a la piratería y sufrió el destino de muchos piratas cuando lo capturaron, lo juzgaron y lo ahorcaron.

Compañeros de piratas

Barbanegra comenzó su carrera como corsario durante la Guerra de la reina Ana. Luego se unió a la tripulación de Benjamin Hornigold y se convirtió en un verdadero pirata. Hornigold rápidamente notó las habilidades de Barbanegra y le dio al pirata su propio barco para comandar. Cuando Hornigold se retiró, Barbanegra continuó por su cuenta. Estableció una **alianza** de piratas que trabajaban juntos para controlar los mares.

La Guerra de la reina Ana duró desde 1702 hasta 1713.

reina Ana de Inglaterra

Benjamin Hornigold

Hornigold ayudó a Barbanegra en su carrera cuando aceptó al joven pirata como parte de su tripulación. Hornigold vio el talento de Barbanegra y le otorgó una posición de **autoridad**. El capitán disfrutó su gran éxito cuando trabajó con Barbanegra. Pero Hornigold finalmente dejó la piratería y se convirtió, en cambio, en un cazador de piratas. Aunque no por mucho tiempo. Al año su barco naufragó debido a un huracán.

La alianza del pirata Barbanegra tomó el pueblo entero de Charleston, Carolina del Sur, para exigir el **rescate**.

Cabeza dura

Por supuesto, Barbanegra tenía enemigos. El gobernador de Virginia envió a un pequeño grupo de soldados y marineros para capturar al pirata. Desafortunadamente para Barbanegra, tuvieron éxito. A Barbanegra lo hirieron en el cuello y le dieron muchas otras puñaladas que lo llevaron a la muerte. Fue **decapitado** y colgaron su cabeza del **bauprés** del barco de su captor.

Últimas palabras

Cuando rodearon a Barbanegra, se dice que expresó lo siguiente: "Fuego eterno atrapa mi alma si te doy cuartos o te quito algunos". Quiso decir que no tenía intención de ser capturado o mostrar clemencia ante sus atacantes.

Perdió la cabeza

A Barbanegra lo mató el Teniente Robert Maynard y su tripulación. Lo señalaron y lo rodearon, y no tuvo la posibilidad de salir con vida. Dos cortes en el cuello decapitaron a Barbanegra. Maynard guardó la cabeza para cobrar una recompensa.

Black Bart

John Bartholomew Roberts comenzó desde pequeño su vida en el mar, tal vez tan pronto como a los siete años. Era un marinero muy experimentado. Incluso prestó servicio en la marina de su país. Roberts era un hombre inteligente y muy trabajador. Todos los que navegaban con él lo respetaban. Pero también era terriblemente cruel.

Black Bart comenzó su carrera de piratería recién a los 37 años.

Black Bart nació en Gales en 1682 y murió en 1722 luego de tres cortos, pero exitosos, años de piratería.

Black Bart, nacido bajo el nombre de John Roberts, probablemente cambió su nombre por Bartholomew Roberts en honor al pirata Bartholomew Sharp, un héroe pirata durante la niñez de Roberts.

Bartholomew Sharp

Su éxito duró tres años. Sharp saqueaba barcos españoles. España e Inglaterra no estaban en guerra, así que cuando capturaron a Sharp, España quería que lo juzgaran como pirata. Pero Sharp había robado un cargamento con mapas españoles muy útiles y el rey británico estaba muy agradecido de tenerlos. Eximió al pirata de todos los cargos.

Black Bart

A la orden, mi capitán

Roberts había navegado durante, aproximadamente, 30 años cuando los piratas capturaron su barco. Él y los otros integrantes de la tripulación fueron capturados. Los piratas admiraban a Roberts. Cuando su capitán murió, los piratas votaron por un nuevo capitán. ¡Votaron a Roberts! Roberts sabía que podía hacer mucho dinero. También sabía que podía ser capitán, algo imposible de alcanzar siendo un marinero común y corriente. Aceptó el puesto y se convirtió en Black Bart.

Ningún lugar adónde ir

El rango más alto que Black Bart consiguió como marinero común y corriente fue tercer oficial de cubierta. El tercer oficial de cubierta es el cuarto o quinto al mando después del capitán. El tercer oficial de cubierta también está a cargo de la seguridad. En la época de Bart, se necesitaban amigos bien posicionados para nombrar a alguien capitán. Bart se convirtió en pirata principalmente para tener la oportunidad de ser capitán de un barco.

¡Capturado!

Los hermanos Cervantes de España regresaban de la guerra en 1575 cuando fueron atacados y capturados por piratas. Los vendieron como esclavos en África. Su padre pudo pagar un rescate para liberar a Rodrigo, pero su hermano, Miguel, vivió como esclavo durante cinco años antes de que aceptaran el rescate. Miguel de Cervantes finalmente regresó a su hogar y se convirtió en novelista, quizá el mejor escritor de España, autor del mundialmente famoso *Don Quijote*.

Una razón por la que Black Bart tuvo éxito pudo haber sido que, a diferencia de muchos otros piratas, él muy raramente bebía alcohol. Su mente era siempre muy aguda. ¿Su bebida favorita? El té fuerte.

El reinado del terror

La primera aparición de Black Bart como pirata fue al regresar para matar a los que habían matado al capitán pirata anterior a él. Él sabía que tenía que hacer que los demás le tuvieran miedo para lograr el éxito. En una ocasión Black Bart y su tripulación capturaron 22 barcos, 150 botes pesqueros y 40 cañones, a pesar de que 1,200 hombres protegían las provisiones. Ninguno cotraatacó. Les tenían mucho miedo a Black Bart y a su tripulación.

Adiós, Black Bart

A Bart finalmente lo mataron con varias balas pequeñas disparadas a la garganta. Para evitar que se llevaran su cuerpo, su leal tripulación le colocó rocas encima y lo arrojó al agua. Se hundió en las profundidades del océano y nunca nadie lo encontró.

El rey de los piratas

Henry Every, conocido como Long Ben, fue el héroe de los ingleses pobres. Lo veían como un rebelde que ganó la batalla contra sus adinerados gobernantes. Durante su carrera como pirata, desde 1694 a 1696, Every robó millones de dólares. Escapó con su botín y nadie sabe qué fue de él. Algunos dicen que se convirtió en rey de Madagascar. Probablemente sca solo una historia, pero la gente aún hoy lo llama el Rey de los Piratas.

A Black Bart lo mataron durante una batalla en el mar. Su muerte marcó el fin de la Edad de Oro de la piratería.

Edward Low

Cuando era joven, Edward Low de Inglaterra se mudó a Boston en las colonias estadounidenses. Cuando su joven esposa murió al dar a luz a su hijo, Low se dedicó a la piratería. Él era el capitán de una pequeña flota de barcos piratas.

Low era un pirata temible y cruel. Quemaba la mayoría de los barcos que capturaba y **torturaba** violentamente a sus prisioneros. Era salvaje, cruel y no sentía piedad por nadie.

> Edward Low, originalmente llamado Ned, nació en la pobreza en la década de 1690 en Inglaterra.

> Low nació en una familia de ladrones y se hizo ladrón a muy temprana edad.

Charles Vane

Charles Vane no es muy recordado en la actualidad, pero era reconocido en su época. Eso era principalmente porque no solo era cruel con sus prisioneros sino que también ignoraba el código de honor que los piratas utilizaban entre ellos. Con regularidad engañaba a su tripulación con respecto al reparto justo. Es asombroso que haya tenido éxito durante tanto tiempo, aproximadamente cinco años, ¡lo cual es mucho tiempo en años de piratas!

El caminar por la plancha era una manera legendaria de matar piratas.

Un final mortal

La carrera de pirata de Low duró alrededor de tres años, aunque su final no es del todo claro. Pudo haber sido asesinado por matar a un pirata amigo o pudo haber sido juzgado y ejecutado por los franceses. También su barco pudo haber naufragado durante una tormenta o tal vez se fue a vivir pacíficamente a Brasil.

El *New York Times* lo llamó Low "el pirata menos piadoso de los tiempos modernos" en 1892.

Charles Gibbs

Charles Gibbs fue un pirata estadounidense que estuvo en actividad mucho tiempo después de la Edad de Oro de la piratería. Fue ejecutado en 1831, uno de los últimos que fueron a la horca por piratería en Estados Unidos. Contó historias sobre sus **hazañas** de cuando estuvo en prisión. Las historias se recopilaron en un libro muy popular luego de su muerte. Son muy detalladas y parecen exageradas al extremo, tanto que mucha gente duda de su veracidad.

Charles Gibbs

Anne Bonny

Anne Bonny fue criada como niña y como niño. Su padre era un abogado irlandés y su madre su criada. Cuando la esposa del abogado se enteró, envío a la madre de Anne a prisión tras acusarla de ladrona. Su padre llevó a Anne a su casa disfrazada de niño y le dijo a todos que Anne era su empleado.

Finalmente, la esposa del abogado descubrió la verdad y se armó un gran **escándalo**. Anne y sus padres se fueron a América para comenzar una nueva vida. El padre de Anne se convirtió en comerciante y trató de buscarle un marido adinerado, pero Anne prefería a los marineros que conocía en los puertos. Se casó con un pirata llamado John Bonny.

No son muy conocidas, pero también hubo mujeres piratas.

La madre de Anne murió poco después de que la familia llegara a América.

Ya sea que fueran hombres o mujeres, los piratas no se limitaban a una sola arma. Generalmente llevaban refuerzos.

Lazos de familia

John Bonny siempre estaba ebrio y Anne pronto se cansó de él. Otro pirata apuesto comenzó a conquistarla. Poco tiempo después, Anne se enamoró y se escapó con ese hombre encantador llamado Calico Jack.

Anne tuvo un hijo con Jack y ambos continuaron siendo piratas. También tenía una amiga entre la tripulación. Su amiga era otra joven llamada Mary Read, quien también era pirata.

No se admiten mujeres

La regla en la mayoría de los barcos piratas era "no se admiten mujeres". De hecho, si encontraban a una mujer a bordo probablemente la mataban, junto con cualquiera que la hubiera ayudado a estar allí.

La temible pirata Read pelea con otro pirata.

Mary Read

Read, como Anne Bonny, fue criada como niño. Cuando era joven, Read se unió a la Armada británica, disfrazada de hombre. Después de la guerra, se casó como mujer. Cuando su esposo murió, se dedicó a la piratería para poder mantenerse. Fue capturada por Calico Jack y se unió a su tripulación. Ella y Anne Bonny trabajaban codo a codo.

Capitán John Rackham, Anne y Read

Culpable

Las dos mujeres sufrieron el mismo destino que los hombres cuando las capturaron y las juzgaron como piratas. Primero, los hombres fueron declarados culpables y fueron enviados a la horca. Luego, las mujeres fueron condenadas. Pero ninguna fue a la horca por su crimen porque ambas estaban embarazadas en ese momento. Read murió en prisión, pero nadie sabe qué fue de Bonny. Algunos dicen que su adinerado padre pudo pagar su libertad y murió siendo anciana. Pero al momento de su juicio ella aún era joven. De hecho, tenía tan solo 20 años.

Charlotte Badger

Probablemente la primera mujer pirata de Australia, Charlotte Badger primero fue presidiaria. Fue a prisión en 1796 por robar una pequeña cantidad de dinero y un pañuelo para ayudar a su familia que era muy pobre. El barco pirata *Venus* tenía pocos tripulantes y por eso tomaba presidiarios. La tripulación se amotinó y le quitó el barco al capitán, emprendiendo viaje hacia Nueva Zelanda. No se sabe qué fue de Badger.

Australia

Nueva Zelanda

"Le suplicamos por nuestros bebés"

Anne y Read estaban embarazadas cuando fueron condenadas. Le dijeron al juez: "le suplicamos por nuestros bebés". Sus sentencias fueron pospuestas hasta después de dar a luz. Read murió de fiebre en prisión tiempo después de dar a luz. Pero no hay registros del parto de Anne, su ejecución, su muerte en prisión o su liberación. ¡Es un misterio pirata!

Se dice que cuando la capturaron, los dientes de Anne estaban negros y podridos. Nadie en aquella época cuidaba su salud bucal, en especial, los piratas.

43

Lady Mary Killigrew

Mary Killigrew se casó con un expirata contratado por la reina Isabel I para luchar contra los piratas. Cuando su esposo, Sir John Killigrew, estaba de cacería, Lady Killigrew formó una tripulación de piratas por su cuenta. En aquella época, la reina Isabel I podría haber ignorado la piratería si hubiese sido en contra de los enemigos del país. Sin embargo, en 1570 la tripulación de Lady Killigrew capturó un barco que pertenecía a un amigo de la reina, mató a la tripulación y robó el cargamento.

Lady Killigrew vivía en un castillo en Cornwall, Inglaterra.

El padre de Lady Killigrew también fue pirata inglés.

Lady Mary Killigrew

Viviendo bajo sus propias reglas

La reina Isabel no estaba feliz y acusó a Killigrew de piratería, sentenciándola a muerte. Pero la reina la perdonó y Killigrew estuvo un corto tiempo en prisión antes de regresar a su hogar.

Killigrew dejó la piratería después de eso. Bueno, algo así. Los rumores la siguieron por el resto de su vida. Se decía que **traficó** elementos robados durante muchos años. Cumplir la ley parece que no era lo que más le gustaba.

Es posible que la familia de Killigrew haya sobornado al jurado para que la dejaran ir. La historia no es lo suficientemente clara al respecto, aunque está claro que Killigrew no fue enviada a la horca por sus crímenes.

reina Isabel I

Anne Dieu-le-Veut

Anne Dieu-le-Veut fue una pirata francesa cuyo nombre significaba "Dios lo quiere". Le pusieron ese nombre porque parecía que todo llegaba fácilmente a ella, o Dios se lo daba. Cuando mataron al esposo de Dieu-le-Veut en una pelea, ella retó al asesino a duelo. Él dijo que no podía pelear con una mujer. En cambio, le pidió a esta temible mujer que se casara con él. A pesar de que no podían casarse (él ya estaba casado), vivieron juntos como marido y mujer. Dieu-le-Veut y su esposo eran piratas. Pero a diferencia de Anne Bonny, esta Anne vivió su vida de pirata como una mujer.

¡MÁS EN PROFUNDIDAD!

IDIOMA PIRATA

"¡Fuego eterno!" gritó Barbanegra antes de ir al depósito de Davy Jones. ¿Qué significa eso? Observa las siguientes páginas para que tú también puedas hablar ¡como un pirata!

ahoy: hola, pero también adiós

avast ye: detente y presta atención

caminar por la plancha: práctica pirata de hacer que la víctima camine al costado del barco con el océano debajo y de esta manera vaya hacia su muerte al ahogarse

cuarto: a pesar de que oficialmente significa "refugio", los piratas utilizaban la palabra *cuarto* para referirse a la clemencia

depósito de Davy Jones: un lugar imaginario al fondo del océano donde van los piratas cuando mueren

entrar en la cuenta: hacerse pirata o la versión pirata de hacer negocios

fuego eterno: utilizado para hacer hincapié en la frustración o el enojo

grog: mezcla de agua y ron. El ron se agrega para disimular el gusto de agua en mal estado

ahoy

caminar por la plancha

48

grog

marca negra: amenaza de muerte de un pirata a otro, hecha con una marca negra en un papel que se le entregaba al enemigo

marinero de agua dulce: una persona lenta y torpe que no es muy ágil o tiene pie firme en el barco

que me parta un rayo: expresión de incredulidad, probablemente originada en el impacto que se producía en la madera al encallar un barco

marinero de agua dulce

rata de sentina: la sentina es la parte más inferior de un barco, así que una rata de sentina es una criatura que vive allí; es una forma de denominar al enemigo

salpicón: comida pirata popular hecha con trozos de carne, huevos, cebolla, uvas, repollo, condimentos y más, todo junto mezclado

rata de sentina

Sra. Cheng

Una diminuta mujer gobernaba una flota de más de 500 barcos piratas en los mares cerca de China. Se la conocía como la Sra. Cheng. El marido de la Sra. Cheng había sido alguna vez almirante de esta flota pirata. Pero lo mataron y ella tomó el mando e hizo que la flota fuera aún más poderosa. Se hizo muy grande y fuerte y el gobierno chino ya no pudo pelear contra ella. ¡La gente solo debía esperar lo mejor!

Cheung Po Tsai

Con un nombre que significa Cheung Po el niño, Cheung fue secuestrado por la Sra. Cheng y su esposo cuando tenía solo 15 años. Ellos lo adoptaron y él se hizo cargo de parte de su imperio. Cuando la dinastía pirata Cheng llegó a su fin, Cheung se convirtió en coronel de la marina para el gobierno chino y prestó servicio por el resto de su vida.

La Sra. Cheng, nacida alrededor del 1775, fue pirata hasta 1810 y vivió pacíficamente hasta que murió por causas naturales en 1844.

Nunca te rindas

Finalmente, el gobierno tuvo éxito cuando uno de los líderes de la Sra. Cheng se rindió a cambio del perdón y dos islas donde su familia y su tripulación podrían vivir. Debilitada, la Sra. Cheng finalmente también aceptó el perdón y una gran suma de dinero. Dejó su vida de pirata, ¡solo para dirigir un exitoso imperio de **contrabando** por el resto de su vida!

Un ejército pirata

En sus buenos tiempos, la piratería china era mucho más poderosa que la piratería del Caribe. En un momento dado había alrededor de 50,000 piratas chinos. Incluso durante la *Edad de Oro de la piratería*, nunca hubo más de 6,000 piratas en el Caribe.

Antes de la batalla, los piratas de la Sra. Cheng bebían una mezcla de pólvora y alcohol. Hacía que sus ojos se tornaran rojos, lo que asustaba a los prisioneros.

Sir Henry Morgan

Sir Henry Morgan es el más renombrado por su increíble suerte como pirata. En 1669 su barco pirata explotó, pero él cayó en una **portilla** y sobrevivió. En 1675 su barco naufragó en un huracán, pero Morgan otra vez sobrevivió. Y a pesar de todas sus hazañas como pirata, el gobierno le permitió hacerlo como corsario. De hecho, fue nombrado Sir Henry y se le otorgó una **plantación** en Jamaica, donde vivió muy bien hasta la edad de 53 años. Luego murió de intoxicación con alcohol por todo el ron que había bebido.

Una tripulación muy variada

Durante varios años las tripulaciones de piratas surcaban los mares robando, saqueando y tomando todo lo que podían. Mucha gente les temía, pero los veían como héroes. La gente quería oír acerca de sus aventuras y los niños soñaban con unirse a la diversión. Incluso en la actualidad, la gente acude en manadas a ver las películas sobre hazañas de piratas. Sabemos que los piratas robaban, intimidaban y mataban, por lo tanto, ¿qué es lo que hace que queramos escuchar sus historias? ¿Las historias son tan terribles que solo podemos creer que son de ficción y que fueron hechas para estremecer nuestra imaginación?

Las historias son muy reales, como lo saben los piratas que sobrevivieron. Y como dice la tradición popular pirata, "Los muertos no cuentan historias".

Los piratas en batalla tenían que estar preparados para realizar el primer movimiento o arriesgarse a que los maten.

Los gobiernos, a veces, exhibían cabezas de piratas en cajas de madera para recordarle a la gente los peligros de la piratería.

La vida de un pirata estaba llena de violencia y adversidad.

SOBREVIVIENTES

Algunas personas vivieron para contar las historias acerca de sus experiencias bajo los piratas. Aquí hay algunas de las historias más famosas, y prueban que las historias de piratas son historias verdaderas.

Cuáqueros

Los Cuáqueros son personas religiosas que no creen ni en la guerra ni en la violencia. Así que cuando una tripulación de Cuáqueros era capturada por piratas, ellos no contraatacaban. No tenían armas y si las hubieran tenido, no las hubieran usado. Los piratas no tenían nada que temer con este grupo de gente pacífica. Se habían ido abajo de la cubierta a dormir. Mientras estaban allí, los Cuáqueros les quitaron las armas y los encerraron bajo la cubierta. Luego llevaron a los piratas a sus hogares antes de volver a Inglaterra.

George Fox, fundador inglés de la Sociedad de Amigos, o Cuáqueros

Padre Vincent de Paúl

El sacerdote francés, el Padre Vincent de Paúl, iba en un barco en 1605 cuando fue capturado por piratas. La brutal tripulación mató a muchos, incluso hizo pedazos a un marinero. Él sobrevivió pero lo vendieron como esclavo con otros sobrevivientes. Durante muchos años vivió como esclavo lejos de casa. Finalmente, escapó y caminó muchas millas de regreso a Francia. Sus experiencias hicieron que tomara la decisión de ayudar a otros que sufrían. El Padre Vincent de Paúl ayudó a liberar a alrededor de 1,500 esclavos y 77 años después de su muerte lo nombraron **santo**.

Capitán Snelgrave

El capitán William Snelgrave y su tripulación fueron prisioneros de una tripulación pirata durante un mes antes de ser liberados. Cuando la tripulación de Snelgrave suplicó por su vida, los piratas los dejaron vivir. Fue muy importante para los piratas ver a un capitán tan respetado por su tripulación. Los piratas discutían para ver si tenían que dejar vivos a los miembros de la tripulación. Finalmente, decidieron dejarlos ir y darles un barco y un tesoro que equivalía a varios miles de libras. Luego de varias semanas, la tripulación logró llegar a casa para contar su sorprendente historia.

57

Glosario

alianza: asociación para apoyarse y protegerse mutuamente

autoridad: mando

bauprés: palo largo que sobresale de la proa de un barco

botín: tesoro o riquezas conseguidos

bucaneros: corsarios

canciones de alta mar: canciones cantadas por marineros y piratas

comerciante: vendedor, especialmente los que poseen una tienda

condenado: declarado culpable de un delito

contrabando: traslado ilegal de bienes de un lugar a otro

corsarios: piratas a los que el gobierno encomienda capturar y saquear los buques enemigos

decapitado: cortada la cabeza a una persona o un animal

encomendaron: encargaron, especialmente un gobierno o su representante

escándalo: historia que avergüenza a sus protagonistas

hazañas: aventuras

horizonte: línea donde la tierra o el mar parecen tocar el cielo

invertir: pagar dinero para apoyar un negocio o una causa, con el fin de ganar más

muelle: estructura que sale de tierra firme hacia el agua para que los barcos se amarren a ella y fondeen o atraquen

plantación: gran propiedad agrícola en la que trabajan peones

portilla: ventana con cubierta en el costado de un buque

rescate: pago para liberar a una cosa o a una persona de quienes la han tomado ilegalmente

santo: persona santa a quien se rinde culto en algunas religiones

saquear: robar bienes u objetos de valor por la fuerza

se amotinó: derrocó a la autoridad del barco para hacerse con el mando, normalmente matando o librándose del capitán

sextante: instrumento para medir distancias, a menudo usado en navegación

torturaba: infligía dolor físico o psicológico

traficar: aceptar y vender bienes robados

verdugos: personas encargadas de matar a los condenados a muerte

víctimas: personas engañadas, heridas o matadas por otra

Índice

Bibliografía

Beahm, George. *Caribbean Pirates: A Treasure Chest of Fact, Fiction, and Folklore.* **Hampton Roads Publishing Company, Incorporated, 2007.**

Descubre las respuestas a todas tus preguntas sobre piratas, incluso si el maldito oro azteca realmente existió. También encontrarás sugerencias sobre una gran cantidad de libros de piratas, museos, festivales, películas y sitios web para mirar.

Hecker, Alan and Alisha Niehaus. *Piratepedia.* **DK Publishing, 2006.**

¡Prepárate para mantenerte en equilibrio en una aventura de bravucones! Navega hacia el pasado y conoce a los piratas, a los corsarios y a los bucaneros en alta mar alrededor del mundo. Aprenderás cómo evitar la esclavitud, sobrevivir a un ataque pirata y ahuyentar el hambre al estar varado en el mar.

Seidman, David and Jeff Hemmel. *The Anti-Pirate Potato Cannon: And 101 Other Things for Young Mariners to Build, Try & Do on the Water.* **McGraw-Hill, 2010.**

Las actividades, proyectos y hechos que aparecen en esta guía acerca de la navegación y el mar te convertirán en un marinero experto en muy poco tiempo. Construye un cañón de patatas antipirata, haz nudos como si fueses un profesional de la náutica, navega guiándote con las estrellas, ¡y más!

Yolen, Jane. *Sea Queens: Women Pirates Around the World.* **Charlesbridge Publishing Incorporated, 2010.**

Sigue las aventuras de las mujeres audaces de la historia que desafiaron las reglas de la sociedad y las leyes de los piratas al convertirse en piratas en alta mar. Algunas de estas osadas damas fueron aún más conocidas que sus colegas del sexo opuesto.

Más para explorar

Disney Pirates of the Caribbean

http://disney.go.com/pirates

Aprende todo acerca de la historia y los personajes de *Piratas del Caribe: navegando aguas misteriosas*. Mira videos y fotos de la película, sé el capitán de tu propio barco pirata o confecciona un muñeco de Jack Sparrow.

Kaboose: Pirates

http://funschool.kaboose.com/time-warp/pirates/

¡A bordo, mis valientes! Prepárate para saquear, robar y pasar un extraordinario momento con estos juegos gratis en línea. Ayuda a Puke, el pirata, a juntar el tesoro de Black Barf o protege el botín pirata de los tiburones. Luego, mantén tus habilidades de pirata con rompecabezas, artesanías y páginas para colorear.

National Geographic Pirates

http://www.nationalgeographic.com/pirates/

Experimenta el terror pirata en el mar con Barbanegra en el Caribe. Explora el único buque pirata naufragado y conoce a su capitán, Sam Bellamy, y a su tripulación. Luego, prueba tu CI pirata resolviendo tres aventuras en alta mar.

Pirate Ship of Fools

http://www.kidsgamehouse.com/games/pirate-ship-of-fools/

Únete a Scooby-Doo y Shaggy en una espeluznante aventura, Terror en alta mar. Ayuda a estos cobardes detectives a resolver el misterio del Pirata Fantasma. Tu desafío es encontrar pistas, recoger elementos que te permitan sortear obstáculos y mantener bajo el "medidor de miedo" de este dúo asustadizo.

Acerca de la autora

Dona Herweck Rice se crió en Anaheim, California. Tiene un título en Inglés de la Universidad del sur de California y se graduó en la Universidad de California, Berkeley con una credencial para la enseñanza. Ha sido maestra de preescolar a décimo grado, investigadora, bibliotecaria y directora de teatro. Incluso trabajó en el paseo Piratas del Caribe en Disneylandia. Ahora es editora, poetisa, escritora de material para maestros y escritora de libros para niños. Está casada, tiene dos hijos y vive en el sur de California.